LORGNETTE

PHILOSOPHIQUE.

Premiere Partie.

NOMS DES LIBRAIRES,

Chez lesquels on trouve également le présent Ouvrage.

Veuve Duchesne, rue S. Jacques.
Bailly, rue Saint-Honoré.
Mérigot l'aîné, à l'Opéra.
Mérigot jeune, quai des Augustins.
Veuve Esprit, au Palais-Royal.
Belin, rue Saint-Jacques.
Brunet, rue de Marivaux.
Guillot, rue S. Jacques.
Petit, Quai de Gêvres.
Cussac, rue du Vieux Colombier.
Pichard, quai des Théatins.
Dubois, passage du Perron, au Palais-Royal.

Les mêmes Libraires continuent de vendre les Réflexions Philosophiques sur le Plaisir, *par un* Célibataire, (*M. Grimod de la Reyniere*), troisiéme édition, *revue avec soin, corrigée avec docilité, & augmentée de cinq à six petits morceaux assez plaisans*, in-8°. de 136 pages, prix 1 liv. 10 s.

LORGNETTE PHILOSOPHIQUE,

Trouvée par un R. P. Capucin sous les Arcades du Palais-Royal, & présentée au Public

Par un CÉLIBATAIRE.

PREMIERE PARTIE.

—Difficile est propriè communia dicere.....

Hor.

A LONDRES,

Et se trouve à PARIS,

Chez L'AUTEUR, Rue des Champs Elysées.

M. DCC. LXXXV.

Avis des Libraires.

CET Opuſcule qui plaira peut-être aux Lecteurs frivoles, en amuſant les Lecteurs raiſonnables, paroît être l'Ouvrage d'un Cynique de bonne compagnie, & mériter à plus d'un titre l'accueil des honnêtes gens.

Nous avons préféré de l'imprimer dans le format petit-in-12, tant pour la ſatisfaction du Public (qui paroît donner aujourd'hui la préférence aux éditions Lilliputiennes,) qu'afin de pouvoir l'établir au prix modique de *2 liv. 8 ſ. les 2 vol. brochés*, prix auquel beaucoup de perſonnes peuvent atteindre, & que nous conſerverons irrévocablement même dans les éditions ſubſéquentes.

La ſouſcription pour le *Journal de Neufchatel*, annoncée au revers du frontiſpice des *Réflexions*, eſt toujours ouverte chez L'AUTEUR ſeulement, au prix de 24 liv. franc de port par tout le Royaume. Il ſera diſtribué inceſſamment un *Proſpectus raiſonné* de cet Ouvrage, regretté du Public, & que l'on peut regarder comme une continuation du *Journal des Théâtres*.

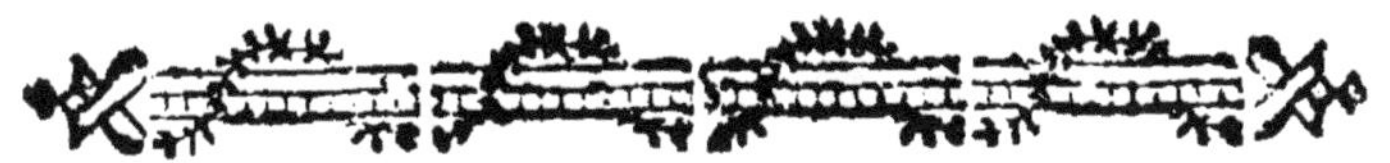

PRÉFACE

DU

CAPUCIN.

ME promenant l'autre jour au Palais Royal vers le soir, comme c'eſt ma coutume, je ſentis rouler ſous mes pieds quelque choſe. En y faiſant plus d'attention, je m'apperçus que c'étoit un rouleau de papiers. Aussi avide fureteur de Bouquins que d'autres pourroient l'être de Jolies femmes, je m'empressai de ramasser celui-ci, & j'abrégeai ma promenade pour jouir plutôt de ma découverte. Rentré dans ma Cellule, je feuilletai bien vîte mon petit trésor, & je crus m'appercevoir qu'il ne me seroit pas inutile. L'Ouvrage paroissoit être du seiziéme siecle par le caractere de l'écriture; mais tout ce qu'il contenoit pouvoit s'appliquer au dix-huitiéme. Ce rapprochement piqua ma curiosité. Je me hâtai de transcrire ce manuſcrit, & ce ne fut pas ſans peine que je parvins à le débrouiller. D'abord le titre manquoit abſolument, & l'on ſait que dans ce ſiecle philoſophique, où la loquacité du raiſonnement a remplacé le génie de l'invention, ce n'eſt pas une choſe aiſée que d'imaginer un titre piquant.

Un titre eſt à un Ouvrage, ce que le frontiſpice d'un Bâtiment eſt à l'édifice. Il faut qu'il ſoit neuf, conſéquent & invitatif. Ces trois conditions ne ſont pas aiſées à remplir, & le ſont moins encore à concilier.

Ce premier obſtacle, j'en fais ici l'aveu, rebuta ma pareſſe. Naturellement ennemi du travail, *il far-niente* eſt ma plus douce occupation, & celle qui s'accorde le mieux avec mon caractere. D'ailleurs il ne falloit pas ſeulement imaginer un titre au manuſcrit dont le haſard m'avoit rendu poſſeſſeur ; l'Ouvrage entier avoit beſoin d'être refondu, remis en ordre & recrepi à la moderne. Les penſées ſans ſuite, ſans ordre & ſans liaiſons, demandoient une main habile pour les placer dans un cadre neuf & qui pût mieux les faire reſſortir. En un mot, j'avois trouvé un aſſez bon tableau, mais il avoit beſoin d'une bordure travaillée avec art pour réuſſir auprès des connoiſſeurs.

Ces réflexions rabattirent beaucoup de ma joie, & refroidirent tout-à-fait mon zele. J'aurois volontiers fait au Public un cadeau dont ſa reconnoiſſance auroit bien ſu me dédommager ; mais je ne voulois pour cela prendre aucune peine : ſemblable à beaucoup de gens, je ne faiſois cas du produit qu'autant qu'il n'étoit pas une ſuite du travail.

Dans ces circonſtances j'appris qu'il exiſtoit à Paris & non loin de notre Couvent, un Jeune-homme, qui achetoit volontiers des manuſcrits pour les imprimer, & conſacroit à cette denrée un argent que bien d'autres emploient beaucoup plus mal. J'imaginai qu'il ne me ſeroit pas difficile de lui vendre le mien, & je bâtis là-deſſus l'édifice d'une petite fortune. Je me trompai cependant, le bon tems étoit paſſé. Souvent dupe, preſque toujours malheureux, & cependant rarement plaint, le Célibataire avoit pris la ferme réſolution de ne plus imprimer que ſes propres Ouvrages ; trois éditions conſécutives d'un petit Opuſcule moral, que tout le monde a voulu lire en dépit des *Petites Affiches*, ont prouvé qu'il n'avoit pas tout-à-fait tort de préférer ſes enfans légitimes à des fils adoptifs, dont l'ingratitude ou le mauvais naturel avoit juſqu'ici trompé ſon attente.

Il me reçut honnêtement, me conta ſes malheurs, m'expliqua ſes résolutions, & refusa mon manuscrit. Ce n'étoit pas là mon compte; cependant je plaignis les uns, je ne pus m'empêcher d'approuver les autres, mais je ne voulus jamais remporter le troisiéme; & j'obtins après beaucoup d'instances qu'il consentiroit au moins à lire ce qu'il ne vouloit pas acheter.

J'avoue que je fondois ſur cette lecture quelques eſpérances. Un Ouvrage dans le genre cynique, ſpécialement dirigé contre les femmes & les gens du monde, devoit naturellement plaire à l'Auteur des *Réflexions Philoſophiques ſur le Plaiſir*; exciter ſon enthouſiaſme, réveiller ſon ardeur, & ranimer en lui cet amour de la vertu, & cette haine profonde du vice, que neuf mois de ſilence ſembloient avoir endormis.

Je ne me trompai pas tout-à-fait. Lorſque je fus le revoir, il parut deſirer que l'Ouvrage fût imprimé ; mais il n'en étoit pas pour cela plus diſpoſé à en prendre ſur lui les riſques, & l'indifférence des grands pour tout ce qui peut les rappeller dans le ſentier du devoir, n'étoit pas propre, en effet, à lui faire tranſgreſſer ſa réſolution.

On dit que les Capucins ſont de braves gens, &

le Célibataire lui-même en a fait un très-bel éloge dans son dernier Ouvrage. Je profitai de cette disposition favorable en notre endroit, pour mettre au moins son zele à profit, désespérant absolument de mettre sa bourse à contribution. Je lui persuadai de trouver un titre à l'Ouvrage, de le r'habiller à la moderne, d'y mettre tout ce qui y manquoit, c'eſt-à-dire du ſtyle, de la clarté, de l'ordre & de la philoſophie; en un mot, d'en devenir au moins l'Inſtituteur, puiſqu'il ne vouloit pas abſolument en être le parain. Mon éloquence (& l'on ſait ce que c'eſt que l'éloquence d'un Capucin) parut l'ébranler, il promit tout & tint davantage. Cela m'a prouvé, entr'autres choſes, qu'il ne vit guère dans la *Bonne-compagnie*, où l'on fait ordinairement tout le contraire; car, lorſque je retournai pour l'encourager dans ſon travail, je le trouvai entiérement terminé, & même enrichi de notes, & autres petites fournitures en uſage dans les ſalades ſoi-diſant philoſophiques.

Il me remit le tout à deux conditions : la premiere, que je joindrois une Préface de ma façon, qui ſeroit en quelque ſorte l'hiſtorique de l'Ouvrage, & une maniere

niere honnête d'apprendre au Public ce dont il eſt néceſſaire de l'informer pour qu'il y comprenne quelque choſe.

La ſeconde, que je l'imprimerois aux dépens des fonds de notre Communauté, dont il ſe chargeoit ſeulement de faire les avances ſous notre garantie ſolidaire.

Persuadé qu'en Littérature comme en ordre judiciaire, celui qui répond paie, je ne balançai pas un instant à souscrire à tout, bien assuré de n'en pouvoir être la dupe. J'espere que le Public ne fera pas repentir le Célibataire de son honnêteté, ni moi de ma confiance.

Il est tems de le laisser

parler lui-même ; c'eſt ſon métier, & il s'en acquittera ſans doute mieux que moi. Ce n'eſt pas beaucoup dire, à la vérité ; mais quand on fait ce qu'on peut, n'a-t-on pas quelques droits à l'indulgence ?

Je ne finirai point cette Capucinade ſans prévenir le Public que l'Ouvrage que nous lui donnons eſt véritablement fort ancien, ce que j'oſe lui certifier, foi de Capucin indigne. En conſéquence nous nous empreſſons de déſavouer toutes clefs, interprétations malignes, portraits ſatyriques ou aplications perſonnelles que l'on pourroit en faire. Dans tous les ſiecles & dans tous les pays les hommes ont eu les mêmes paſſions & les mêmes vices. La forme ſeule en a varié, & les mœurs ont toujours été ſubordonnées aux caracteres, dans la même proportion que les modes le ſont aux caprices qui les enfantent. Cela me conduiroit naturellement à une belle dissertation philosophique; mais il ne faut pas tout dire, même lorsqu'on est Capucin, ou que l'on n'a rien à perdre, (ce qui, comme l'on sait, est à-peu-près synonyme.)

I. K. L.

AVERTISSEMENT

DU CÉLIBATAIRE:

(Nécessaire à l'intelligence de cet Ouvrage.)

On vient de lire dans la Préface du R. Frere Mineûr du Tiers-Ordre de S. François, l'Histoire de la Lorgnette, que nous offrons aujourd'hui au Public. On a vu comment, après être tombée dans ses mains, elle est passée dans les nôtres; il nous reste à parler de l'uſage que nous prétendons en faire.

D'abord le titre prêtera beaucoup à la critique, & c'eſt déjà quelque choſe. Lorſqu'on publie un Ouvrage, il faut ſe dépêcher de faire la part de l'Envie, comme l'on fait en Angleterre la bourſe des Voleurs. Heureux ſi elle ne s'attache qu'aux préliminaires, ou qu'elle attende pour mordre le Livre, que le Public en ait déterminé le ſuccès. Nous oſons l'eſpérer d'autant mieux, que ce n'est pas aux productions indifférentes qu'elle s'attache préférablement.

Il seroit donc inutile de dissimuler à l'honorable Lecteur que nous avons seulement prétendu décorer notre livre d'un *Titre nouveau*, sans trop nous embarrasser du reste. Que ce titre soit bisarre, impertinent ou ridicule, ce n'est plus notre affaire ; il suffit qu'il stimule la curiosité, & qu'il donne envie de lire l'Ouvrage.

Lecteurs blasés & difficiles ! qui formez la fleur de la *Bonne compagnie* par excellence, passez-nous condamnation sur notre titre, & nous vous revaudrons bientôt cette indulgence. Nous vous avons laissé Mesmeriser, Aérostatiser, ou, ce qui revient au même, Badauder tant que vous avez voulu ; laissez-nous donc une seule fois en notre vie *Lorgner* aussi tout à notre aise.

Vous nous avez accusés de

cynisme & d'impudence dans nos *Réflexions sur le Plaisir* ; c'est en partie pour nous disculper de ce reproche, que nous vous livrons cet Opuscule ; nous espérons qu'après l'avoir lu, vous louerez notre politesse antécédente & notre indulgence primitive.

Le Capucin, dans sa Préface, n'a pu vous apprendre le nom du premier Auteur de la Lorgnette. Nous ne sommes pas plus savans ni mieux informés. Mais quand nous le ſaurions, nous n'en garderions pas moins le ſilence, & vous devinez bien pourquoi.

Des Réflexions morales & philoſophiques ne doivent guère amuſer les gens du monde. La laideur fuit les ſpéculatoires, comme le vice recherche la flatterie ; mais il ſe peut trouver quelques perſonnes à qui ce Livre convienne, & quand ſa publicité n'opéreroit qu'une converſion, ce ſeroit toujours très-ſatisfaiſant pour nous, & plus que nous n'aurions jamais oſé nous promettre de notre zele & de nos ſoins.

Que la relation du Capucin ſoit l'hiſtoire ou le roman de cet Ouvrage, c'eſt ce que nous laiſſons à pénétrer à la ſagacité de nos Lecteurs. Le Public n'aime pas qu'on lui diſe tout ; & nous nous garderons bien d'inſulter à ſa pénétration, par une confidence plus étendue.

Quoi qu'il en ſoit, que la

Lorgnette Philosophique ait été imaginée dans le ſeiziéme ou dans le dix-huitiéme ſiecle ; que ce Livre ſoit ancien ou moderne, ravitaillé ou conſtruit à neuf, vieux manuſcrit ou nouvelle brochure, c'eſt ce qu'il importe fort peu d'approfondir. Il faut le juger tel qu'il eſt, & non tel qu'il a pu avoir été. Son exiſtence actuelle eſt la ſeule qui puiſſe intéreſſer le Public, & il ne reſſemblera point à ces Courtiſans révérés dont on reſpecte les titres, ſans ſonger à leur perſonne, (ou même en y ſongeant, ce qui eſt encore pis).

Reſte l'article des applications que le Capucin n'a fait qu'effleurer, & ſur lequel nous croyons devoir nous arrêter un moment, au riſque de faire paſſer notre Avertiſſement pour un commentaire de ſa Préface.

EN fait de perſonnalités & d'applications, l'on ne connoît point en France de principes certains, & d'après lesquels on puisse asseoir un raisonnement. Essayons d'en poser quelques-uns.

Nous n'agiterons point cette question, si la censure du moraliste seroit utile à la société, comme les fonctions des Censeurs l'étoient à Rome. La discussion de ce problême philosophique nous entraîneroit dans des détails qui ne plairoient pas à tout le monde, & nous ne voulons fâcher personne.

Il s'agit seulement de savoir où le pinceau de l'observateur peut s'arrêter sans blesser les convenances sociales, & si la Satyre qu'on a trop souvent affecté de confondre avec la calomnie, n'a pas des droits aussi sacrés qu'imprescriptibles.

Despréaux, qui en ce genre comme en beaucoup d'autres, sera toujours un modele unique & un législateur respectable, Despréaux nous a prouvé que la Satyre differe du libelle autant que la franchiſe eſt éloignée de l'adulation. Il a par ſes Ouvrages immortels, poſé les bornes du genre, & lorſque l'on a lu Perſe, Martial, Horace, & ſur-tout Juvénal, on doit convenir que le Poëte François a plutôt reſſerré que franchi les limites de ſon empire.

Laiſſons donc aux Philoſophes modernes le ſoin de prouver que le Chantre du

Lutrin eſt un Poëte *ſans feu*, *ſans verve & ſans fécondité* (1); . . . .
. . . . & nous bornant à conſidérer Deſpréaux ſeulement comme moraliſte, examinons ſuccinctement ſi ſon exemple doit encourager notre franchiſe, ou rallentir notre zele.

(1) Expreſſion de M. Marmontel, Secrétaire perpétuel de l'Acad. Franç.

Si c'eſt rendre ſervice à ſa patrie, & bien mériter de ſes concitoyens, que de pourſuivre le vice avec les armes du ridicule, qui oſera conteſter l'utilité de la Satyre? Les loix qui puniſſent les délits & les crimes, ſont impuiſſantes contre certains attentats, dont la ſociété ſouffre ſans en être troublée, & qu'il eſt réſervé au Poëte comique, ſatyrique, & ſurtout obſervateur, de rechercher & de frapper de ſa foudre vengereſſe. C'eſt ainſi que les Tartuffes, les Joueurs, & les Glorieux ſe ſont vu flétrir tour à tour du fléau du ridicule, ſans que pour cela Moliere, Regnard, ni Deſtouches ayent outre-paſſé les bornes de leur pouvoir. On ſait qu'Ariſtophane avoit étendu ſes droits beaucoup plus loin ; mais il écrivoit dans une République, & le Théâtre d'Athènes n'étoit pas gouverné par des Archontes.

La Bruyère, ce Philoſophe immortel, l'honneur de la Nation Françoiſe, & le digne ſucceſſeur de Théophraſte, la Bruyère, dans un autre genre, mais qui tient aux mêmes intentions, a pouſſé très-loin les droits de l'obſervateur. Il a non-ſeulement tracé des peintures générales; mais on ſait que ſes portraits ont donné lieu à beaucoup d'applications particulieres, & que nous avons pluſieurs *Clefs* de ſes *Caracteres*. Jamais cependant ce grand Moraliſte n'a eſſuyé de perſécutions, & ſon généreux courage n'a point eu d'autres revers à ſoutenir que la haine des ſots, & la rage impuiſſante de ceux qu'il avoit peints dans ſes Ouvrages.

D'après ces exemples fameux, qui oſera douter & des droits du Philoſophe obſervateur, & de l'étendue de ſon domaine, & de la liberté de ſa puiſſance? Tout eſt ſoumis à ſon empire, & depuis le Roi juſqu'à l'Artiſan, depuis le Magiſtrat juſqu'au Praticien, depuis la Ducheſſe orgueilleuſe juſqu'à l'humble Harangere, aucun individu n'a droit de ſe plaindre de ſes écrits, dès que ſon nom n'eſt point au bas de ſon portrait.

Ces principes une fois admis, & nous croyons que l'on ne pourroit ſans prévention, ſe refuſer à leur évidence, nous ne craignons

gnons plus les vaines clameurs de ceux qui nous accuſeront d'avoir braqué ſur eux notre Lorgnette philoſophique. Le Public ſera le juge de nos intentions, & le défenſeur de nos maximes. Il conſeillera prudemment à ceux qui s'en croiront offenſés, d'en profiter en ſilence, & de ne point attirer les regards de la malignité ſur des vices ou des défauts qu'il vaut mieux tâcher de corriger, que pallier avec orgueil, ou ſoutenir avec effronterie. Alors l'Auteur, l'Editeur & le Capucin (2) n'auront qu'à s'applaudir de leur Ouvrage, & ſe hâteront d'en publier un nouveau pour prouver que ce ſiecle de lumiere, de raiſon, de Meſmeriſme & de philoſophie n'a pu exiſter que dans le meilleur des mondes poſſibles. C. Q. F. D.

---

(2) Nous ſerions tentés de croire qu'il y a quelque myſtere caché ſous cette dénomination, & que ces trois Meſſieurs ne ſont qu'une même perſonne. *Note des Editeurs.*

AVIS AU LECTEUR.

On ſent qu'il eût été facile de claſſer par ordre de matieres les différentes Réflexions, Penſées ou Apophthegmes qui compoſent cette Brochure : on auroit pu, à l'exemple de l'eſtimable & ingénieuſe Mademoiſelle de Sommery, dans ſon excellent livre des Doutes ſur quelques opinions reçues dans la Société, *les ranger ſous divers titres qui euſſent compoſé autant de chapitres. Nous avons été tentés d'abord de ſuivre cette marche ; mais réfléchiſſant qu'un peu de confusion jetteroit en même-tems de la variété dans un Ouvrage, que son peu d'étendue dispense d'être méthodique; que de cette diversité de matieres naîtroient peut-être des contrastes piquans, souvent agréables par leur originalité, nous avons préféré de ne suivre aucun ordre régulier, & le Législateur du Parnasse, lui-même, semble nous avoir tracé cette route lorsqu'il dit dans son Art poétique,*

Voulez-vous du Public mériter les amours?
Sans cesse en écrivant variez vos discours;
Un style trop égal & toujours uniforme,
En vain brille à nos yeux: il faut qu'il nous endorme.

Nous nous estimerons très-heureux

si la peur d'un mal *ne nous a pas* conduits dans un pire, & *si, au lieu d'endormir les Lecteurs blâsés, nous n'avons pas tenus peut-être un peu trop éveillés les Lecteurs difficiles.*

Un Ecrivain qui lâche un Ouvrage ressemble assèz à un Médecin qui traite une maladie. Obligé de sonder le goût du Public, comme l'Esculape de tâter le tempérament du malade, ce n'est qu'à force d'approximations que l'on peut parvenir à connoître le goût de ses Lecteurs. Encore lors même qu'on l'a trouvé faut-il savoir le ménager avec art pour ne pas l'émousser dès l'abord. Une Cuisine un peu relevée ne déplaît pas, & flatte au contraire agréablement les houppes nerveuses d'un palais délicat. Mais si les épices sont trop multipliées, si la dose n'en est pas dirigée par la prudence, vous excoriez ce qu'il ne faudroit que chatouiller légérement; votre ragoût est manqué, & l'on donne le Cuisinier à tous les diables.

Telle est précisément l'histoire de l'Ecrivain, & sur-tout de l'Ecrivain moraliste. Ce n'est pas le tout d'être un bon observateur, il faut encore qu'il sache à fond l'art du Maître Queulx, & même celui de l'Apothicaire. On a rendu justice à nos connoissances dans cette derniere partie ; c'est à l'honorable Lecteur de décider si nous avons également mérité son indulgence pour la premiere. Une nouvelle édition bien plus que les jugemens de MM. les Compositeurs à la feuille, *nous apprendra si nous avons réussi dans nos projets, & si le fiel distillé dans l'absinthe dont nous avons assaisonné notre* Lorgnette, *a paru mitigé convenablement par les ingrédiens plus doux que nous avons tâché de répandre dans sa confection.*

Dernier Préliminaire.

La justification de cet Ouvrage ayant forcé de laisser un blanc dans cet endroit, nous nous empressons de le remplir, en annonçant au Public, (si toutefois le Monstre Amphibie, les Almanachs, les Charlatans & les Oranges lui permettent encore de songer à quelque chose), que le *Coup-d'œil philosophique* annoncé par l'Auteur dans la troisiéme édition de ses *Réflexions Philosophiques*, n'est point interrompu comme certaines gens mal intentionnés ont voulu le faire croire : mais que la vue du pauvre Célibataire, fatiguée par l'exercice continuel de sa *Lorgnette*, a besoin de se reposer quelque tems pour recouvrer sa perspicacité naturelle.

LORGNETTE PHILOSOPHIQUE.

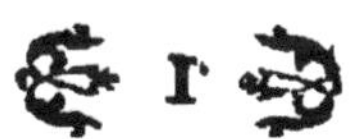

JE ne vois que les ſots heureux dans le monde. Ils ne ſentent point ce qu'on leur dit ; ils admirent tout, ou ils n'admirent rien. Ils n'ont point d'envieux, point d'inquiétude. Ils ſe contentent de tous les plaiſirs ; ils parviennent aux plus grandes dignités, & ſont ordinairement les plus riches. Modigr voudroit n'avoir jamais écrit, & être tout-à-fait sot.

2

Il n'y a que les petites folies hors d'œuvre qui conduisent aux Petites-Maisons. Les grandes menent à la fortune, & celles qui sont de mode, à la considération. C'est ainsi que l'on réussit souvent dans le monde par la raison des contraires.

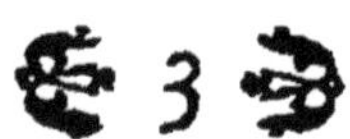

L'univers peut se comparer à

une grande ſalle de Bal. Les ſots en font les honneurs ; ils y rient, ils y danſent, ils y boivent. Les ſages au contraire ſe tiennent ſous le maſque dans un coin, obſervant tout, ne diſant mot, & braquant de tous côtés leur Lorgnette philoſophique.

4

Une perruque in-folio, un rabat à glands, un chapeau en parapluie, un habit noir taillé en ſac, quelques grands mots de latin ou de pratique, tout cela joint enſemble, fait *preſque* un

Médecin, un Prédicateur, ou un Avocat.

5

Les mots anciens ſont reſpectables parce qu'ils naquirent des beſoins. Les mots nouveaux ſont ridicules parce qu'ils naiſſent des ſuperfluités. Quoi de plus inſupportable que le dictionnaire d'un Petit-Maître ou d'une Coquette, c'eſt-à-dire des trois quarts des gens avec leſquels on eſt obligé de vivre ?

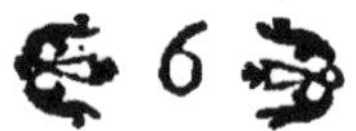

Bien des gens ſe taiſent par

amour-propre ? (Eh plût à Dieu que cet amour-propre fût plus commun !) On craint de hasarder un discours qui fasse rire, de déceler son ignorance par quelque phrase, de ne pas se tirer avec honneur d'un entretien. On desire & l'on craint de parler. Il y a plus de personnes dans le monde qui rougissent par orgueil que par modestie, & ma Lorgnette m'apprend que cela est fort simple.

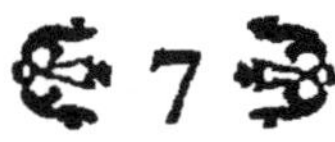

La vraie modestie est rare, mais on la retrouve encore quelquefois même chez les Auteurs. La fausse est tout-à-fait passée de mode, parce qu'on a reconnu qu'elle n'étoit autre chose qu'un rafinement d'orgueil, & qu'en ce genre il vaut encore mieux être vain de bonne foi, que modeste avec hypocrisie.

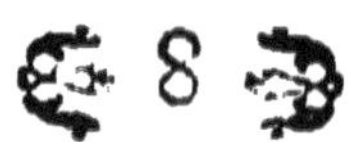

Luminas apprend à qui veut l'entendre qu'il préfere ses Tragédies à celles de Voltaire, & en cela je le conçois fort bien. Il ajoute qu'il est le Poëte du siecle, le génie par excellence, & que ses Ouvrages resteront.

Tout cela eſt à merveille, & Luminas a raiſon, s'il trouve des gens aſſez bons pour le croire: mais Luminas ajoute à ces éloges, des plaintes ſur le peu d'égard que le Public accorde à ſes productions, & il a tort. Car s'il faut opter entre ſes louanges ou ſes récriminations, ſes Lecteurs ne reſteront pas long-tems indécis.

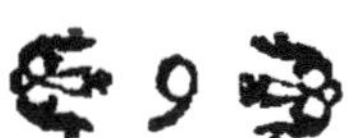

Il y a cent à parier contre un que bientôt nous retomberons dans la barbarie. Nous avons tant épluché les modes, tant rafiné ſur les ragoûts, tant retourné les meubles & les ajuſtemens, que raſſaſiés, épuiſés & excédés de jolies choſes, nous redemanderons le gothique, comme quelque choſe de neuf, nous l'adopterons, & nous voilà revenus tout naturellement au quatorziéme ſiecle.

10

La vérité n'eſt réellement belle que lorſqu'elle eſt nue. Mais on l'a tant ornée de pompons, d'agrémens & de fanferluches, qu'on en a fait une maſcarade.

11

Tout homme qui poſtule des graces eſt un volant. Les Miniſtres qui jouent à la raquette ſe le renvoyent de l'un à l'autre juſqu'à ce qu'il vienne à tomber ; alors le jeu ceſſe, & le volant reſte à terre.

12

Les gens du monde d'aujourd'hui ne nous offrent que différentes manieres d'être durs ; on rafine ſur l'avarice & l'inhumanité, comme l'on rafinoit autrefois ſur la douceur & la bienfaiſance.

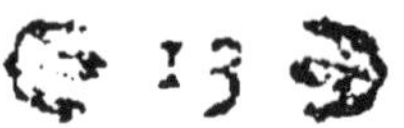

Un Poëte est comme un Pâtissier. On peut se passer de vers, on peut se passer de gâteaux feuilletés. Mais un Moraliste qui instruit les hommes, & les amuse en les éclairant, est le vrai *Nourrisseur* de l'ame, & son existence est nécessaire à l'harmonie de toute société bien policée.

14

Quelques phrases décousues, quelques exclamations hors d'œuvre, quelques traits hardis, quelques saillies libertines, quelques pensées singulieres : voilà ce qui constitue les écrits modernes, & sur quoi Mothas, Uryma, Martelmont & autres Philosophes Sirapiens fondent leur immortalité.

15

Je voudrois qu'il fût d'usage d'appeller un bon Auteur Votre Excellence, & la plupart des Grands, Votre Impertinence. Chaque animal ne doit-il pas avoir un nom qui le caractérise ?

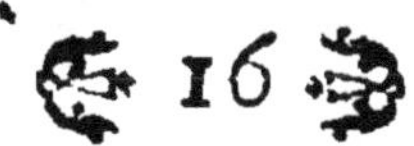

Tout ce qu'on chante doit

être noté, tout ce qu'on dit doit être imprimé : c'eſt le génie du ſiecle. On dreſſe une manufacture de livres de muſique & de philoſophie, comme l'on établit une Fabrique de Draps, d'Indiennes ou de Sparterie.

17

Lorſque je vois deux Ecrivains qui ſe battent, il me ſemble voir deux perſonnes qui s'eſcriment à coups de curedent.

18

Quelle eſt cette eſpece de petit ſinge tout vieux & tout

ratatiné que j'apperçois au bout de ma Lorgnette ?. Ah ! comme il eſt gonflé de pédanterie, de grec & d'impertinence. Fier de ſa baſſeſſe, orgueilleux de ſa nullité, jaloux de ſon inſuffiſance, il rampe, aboye & mord tout à la fois ; & ſi je ne ſavois qu'il affiche des mœurs & de la religion, je le prendrois pour un Philoſophe.

19

Il n'y a point de rapſodies qu'on n'ait miſes en hiſtoire, point de ſermons qu'on n'ait refondus en diſcours moraux, point de roman qui n'ait produit des élégies, des chansons & des épigrammes. En vérité, les boutiques de nos Libraires ne sont plus guère aujourd'hui que des magasins de sottises.

Je vais à Sirap pour m'instruire, & je n'y vois que des papillotes & des visages fardés. Les femmes y sont en chemise, les hommes en lévite. La sottise a revêtu toutes les formes, épuisé toutes les modes, chaussé tous les ridicules. Il faudra bientôt retourner à la décence & au bon goût, faute de pouvoir imaginer des extravagances nouvelles.

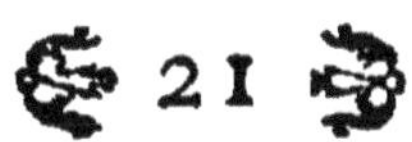

J'entre dans un cercle composé de l'élite de la bonne Compagnie. J'entends parler Théâtre par des gens qui ignorent les premieres regles de l'Art dramatique ; jouissances par des impuissans ; politique par des ignorans ; finance par des gens ruinés ; guerre par des Abbés ; économie rurale par des femmes galantes. Je sors au plutôt, & crois ouir des Eunuques disſerter ſur les plaiſirs du Sérail, ou des Quinze-Vingts juger les tableaux du Sallon.

Impudence, audace, effronterie, tels ſont les trois principaux moyens de réuſſir dans le monde. Ceux qui veulent faire plus rapidement leur chemin, y ajoutent une doſe d'ingratitude, & deux de flatterie, & voilà comme l'on parvient aux dignités & à la fortune.

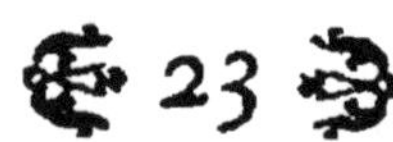

Les noms d'Homere, de Virgile

Virgile & de Cicéron passeront avec leurs Ouvrages à la derniere postérité ; & il y a dix-huit cents ans qu'on ne parle plus des Financiers d'Athenes ou de Rome. L'Histoire nous apprend cependant qu'ils avoient tout ce qui mene les gens riches à la célébrité ; des vins exquis & un excellent Cuisinier.

24

Ridax se félicite de ses belles connoissances. Fils d'un Bourgeois enrichi, il se trouve dans le centre du plus beau monde. Il est admis aux petits soupers, il ſait tous les ſoirs ſa partie avec la Ducheſſe de.... Juſqu'à ce que venant à ſavoir que ſa Ducheſſe eſt une Actrice du tems paſſé, qui le joue & le ſuce depuis trois mois, il a honte de lui-même, & il part bruſquement. Les Sirapiens ne ſont-ils pas preſque tous des Ridax?

Mon Carroſſe, ma petite Maiſon, mon Cuiſinier, mon Orangerie ...... alphabet néceſſaire à tous ceux qui arrivent à Sirap. Mais on crie cet alphabet bien plus haut, & on le répete bien plus ſouvent lorſqu'on eſt homme de rien. Demandez à d'Yſora.

26

Tout eſt enthouſiaſme chez certains peuples & chez certaines gens. Ils ne parlent & n'écrivent que par exclamations. Ils ſe font un jargon de tous les ſuperlatifs, & les matieres qu'ils traitent ſont à-coup-sûr des riens.

27

Exécrable, odieux, épouvantable, horrible, adjectifs à la mode pour exprimer les choſes les plus ordinaires; lorſqu'on veut peindre de grands ſentimens ou des affections vives, il faut néceſſairement avoir recours aux termes les plus ſimples, & la *douleur* dit plus que le *déſeſpoir*.

28

Il y a des villes entieres qu'on pourroit nommer des Ménageries. On ne voit que du poil & du plumage de couleurs différentes. L'on n'y entend que ſiffler, bâiller & hurler. Et l'on n'y attrape que des coups de bec & de griffes. Sanèrlo, par exemple, eſt de ce nombre.

29

Lorgnez les Sirapiens entre cinq & six heures du soir, & vous douterez s'ils méritent le nom d'hommes. Je leur pardonne cependant de courir le matin toute la ville en courtauts de boutique, & de paroître Seigneurs l'après-midi. Il est juste d'aller gagner le matin de quoi s'habiller le soir; & ce n'est pas d'aujourd'hui que le luxe est alimenté par l'industrie. Car nous n'oserions lui donner son véritable nom depuis que tant d'honnêtes gens se mêlent de l'exercer.

Il y a des pays où les hommes ſont comme des abricots. On ne les choiſit jamais dans leur point de maturité. On les met en place, ou trop jeunes, ou trop vieux.

31

La Jalouſie eſt la plus terrible paſſion qui puiſſe agiter un cœur ſenſible, & à-coup-sûr celle qui rend le plus ſot un homme d'eſprit. Le moyen de s'en guérir eſt de tâcher de ſe faire une raiſon de certaines choſes, & ſur-tout d'éviter de s'en aſſurer.

On a dit que les Moines révérencieux étoient comme des cruches qui ne ſe baiſſoient que pour ſe remplir. On pourroit appliquer la même comparaiſon aux Courtiſans qui ſont plus demandeurs, moins méritans que les Moines, & à-coup-sûr bien plus inutiles.

Le véritable Amour eſt très-rare, & l'on ſait que depuis

long-tems le pauvre compagnon
Fut enterré ſur les bords du Lignon.
Mais il eſt remplacé par un ſentiment faux, exagéré, vicieux & puſillanime. On deſire une femme ſans l'aimer, comme on la poſſéde ſans l'eſtimer, & comme on en jouit ſans la chérir.

34

Le Luxe eſt pouſſé à un tel point qu'il a rapproché tous les états. Il faut avoir beaucoup de tact & un coup-d'œil très exercé, pour diſtinguer à Sirap le fat roturier d'avec l'impertinent grand Seigneur.

35

Lorſque les Femmes ont paſſé l'âge de plaire, elles enragent, & ſe font dévotes. Il faut qu'elles comptent bien ſur l'indulgence de Dieu pour lui offrir ainſi ce dont les hommes ne veulent plus.

36

Les Femmes ſont moins fauſſes qu'on ne ſe l'imagine. Plus fines que diſſimulées, plus diſcretes qu'hypocrites, elles ne ſe donnent plus guère la peine de jouer un ſentiment auquel on ne croit plus. Elles ſont coquettes ou....

pis encore, & cela de bonne foi, tout uniment & sans scandale: c'est encore un des bienfaits dus à notre philosophie.

37

Le Jeu est l'aliment des sots, l'élément des femmes, & le tourment des gens d'esprit, trois grandes raisons pour qu'il soit toujours à la mode.

38

Damis donne un repas à quatorze services, il y invite dix-sept personnes, il y allume quatre cens bougies. Croiroit-on qu'une telle Fête a occupé tout Sirap pendant ſix mois, & a fait écrire vingt brochures ?

39

Alcibiade voulant détourner l'attention du Public d'un deſſein qu'il lui importoit de dérober à ſa connoiſſance, fit couper les oreilles & le muſeau de ſon chien. L'hiſtoire d'Alcibiade ne s'eſt-elle pas renouvellée quelquefois depuis ſa mort ?

40

Tout ce que deſire un Marchand, c'eſt de vendre ; tout ce

que demande un Acheteur, c'eſt de payer le moins poſſible; tout ce que veut un Grand, c'eſt de ne pas payer du tout. Nous connoiſſons une ville, où chacun eſt ſatisfait ſelon ſon deſir ; mais nous nous garderons de la nommer.

41

Soixante vieux imbécilles ſe raſſemblent tous les jours dans un Jardin public pour commenter les gazettes ; armer toutes les Puiſſances ; balancer leurs intérêts ; fronder les opérations des gens en place, & régir le

Gouvernement. Le chef renchérit ſur tous les autres par ſon ignorance & la profonde opinion qu'il a de lui-même. Il me ſemble chaque fois que je paſſe par-là, voir une Oie qui prêche aux dindons.

42

Sirap eſt ſans contredit le lieu de l'Univers qu'il convient le mieux à un Philoſophe d'habiter. Il y trouve des Sots, des Importans, des Coquettes, des Joueurs, des Auteurs & des Gens en place; quelle ample moiſſon pour un obſervateur !

Sirap passe pour la ville la plus opulente de l'Univers, & c'est peut-être celle où l'on vit à meilleur compte. Pour 40 s. vous y faites un dîner de Fermier Général ; pour 6, vous satisfaites votre appétit : & le plus beau de l'affaire, c'est que vous ne faites la cour à personne, ce qui n'est pas vrai par-tout, même pour son argent.

44

On a remarqué que les Nations sérieuses aiment les Théâtres bouffons, & qu'au contraire les Nations badines préferent les Théâtres graves & auſteres. Les Spectacles ne plairoient-ils donc à l'homme qu'autant qu'ils le tirent hors de lui-même ?

45

Les Gens de Lettres ne plaiſent dans la *Bonne-compagnie* qu'autant qu'ils amuſent. Les gens du monde jaloux de toute eſpece de ſupériorité, les dégradent en cherchant à les avilir. Ils devroient bien vivre entr'eux davantage, & renoncer à une ſociété également faite pour énerver leur talent & corrompre leurs perſonnes.

46

Les Jeunes gens ſe ſont défaits petit à petit de leurs Lévites, de leurs Odeurs & de leurs gros Catogans ; s'ils pouvoient ſe défaire également de leur ton ſuffiſant, de leur air d'importance, & de leur profonde ineptie, il eſt certain qu'ils en ſeroient un peu mo[illegible] inſupportables.

§ 47 §

Les Femmes ſont comme les enfans. On les amuſe avec des joujoux, on les endort avec des louanges, on les ſéduit avec des promeſſes. Elles pleurent pour des riens, ſe dépitent à la moindre contradiction, & s'emportent au moindre refus de leur obéir. Ce ſont, je le répete, de véritables enfans, mais des enfans qui gouvernent le monde.

§ 48 §

Il exiſte à Sirap, & dans quelques autres lieux, mais ſur-tout à Sirap, des êtres d'une nature aſſez particuliere. Ils tiennent beaucoup du ſinge & du chat, & cachent ſous une figure humaine des rapports très-évidens avec ces deux animaux. Ils ſont patelins, bateleurs & poltrons. Ils amuſent les femmes, font peur aux enfans, & révoltent les hommes raiſonnables. On m'a appris le nom de ces ſinguliers individus; mais je ne le répéterai point, parce qu'il ne faut pas tout imprimer.

Les Grands ont raiſon de

faire dire ſouvent qu'ils ne ſont pas viſibles ; la plupart doivent rougir de ſe faire voir.

Les gens riches qui ne voyent rien au-delà de leur Cuiſinier, ont peine à ſe perſuader que l'amour de la gloire ne ſoit pas une inſigne folie. Toute conſidération perſonnelle leur eſt étrangere, & la conſidération relative dont ils ſont aſſez modeſtes pour ſe contenter, ne les ſuivra jamais au-delà de leur ſalle à manger.

51

Aimer ſes enfans, vivre avec ſa famille, travailler pour ſes neveux : vieux uſage. La mode de ne ſonger qu'à ſoi, de n'exiſter que pour ſoi, de ne travailler que pour ſoi, a prévalu. Après nous le déluge, voilà la deviſe de preſque tous les Sirapiens.

52

La Coquetterie eſt aux femmes ce que l'air eſt aux oiſeaux. Si cette paſſion ne fait pas l'éloge de leur eſprit, il faut convenir au moins qu'elle ne prouve rien contre leur cœur ; car, à-coup-sûr, une Coquette n'en a pas & n'en aura jamais.

L'Homme à la mode aujourd'hui c'est le *Contempteur*. Il est du bon ton de mépriser tout, de n'être content de personne, & de s'ennuyer dans les lieux publics presqu'autant que dans la *Bonne-compagnie*, ce qui n'est pas peu dire.

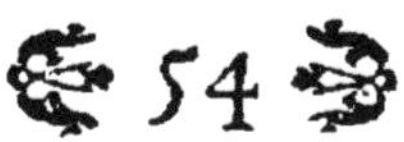

Et fugit ad salices, & se cupit ante videri.

Les Femmes comme l'on voit ont

toujours été les mêmes. Et si nous ne craignions de passer pour méchans, nous oserions ajouter qu'elles sont peut-être aujourd'hui meilleures qu'elles n'ont jamais été.

55

Le mépris de toutes les convenances sociales, l'oubli des devoirs les plus respectables, & l'audace la plus effrénée sur les objets les plus augustes & les plus saints ; voilà ce qui constitue le caractere de nos Jeunes gens à la mode. Il faudroit cependant plus d'étoffe qu'ils n'en ont, pour jouer le rôle d'Esprit-fort, & nous leur conseillons de s'en tenir modestement à celui de sots de *Bonne-compagnie*, c'est à-peu-près là le seul qui leur convienne.

Je marche la tête haute dans les rues de Sirap, & j'y coudoie effrontément l'être important que par-tout ailleurs il me faudroit révérer. Je ne puis m'empêcher de bénir au-dedans de moi ce Pavé philosophique qui rétablit ainsi l'égalité parmi les hommes.

57

Tout l'esprit du siecle a passé dans les Dictionnaires & dans les Almanachs. Il est inconcevable combien cette derniere espece d'Ouvrage s'est multipliée depuis quelques années. Une collection complette coûteroit plus de mille écus, & l'on a pour 16 livres les Œuvres de Moliere. Ce rapprochement nous dispenseroit de toute autre réflexion, s'il n'étoit pas bon d'observer que les Almanachs qui se vendoient autrefois depuis Noël jusqu'à l'Epiphanie, s'éta-lent

lent aujourd'hui depuis le 25 Novembre jusqu'au 19 Février.

58

Pourquoi un homme qui n'est point *Monseigneur*, & à qui ce titre ne fut jamais dû, se laisse-t-il appeller de la sorte ? Pourquoi n'avertit-il pas les gens assez sots ou assez rampans pour le Monseigneuriser, de leur bassesse & de leur ignorance ?... Pourquoi ?... Ah ! pourquoi ? ... faut-il donc tout vous dire ?

59

Il y a des Hommes solemnels qui ſemblent toujours repréſenter une décoration de Temple ou de Théâtre. Ils ne rient jamais, portent la tête haute, & ne parlent que par ſentence. Ils donnent leurs avis comme des ordres, & battent des mains pour applaudir, comme un Pédant donne des férules. Scrupuleux obſervateurs de l'étiquette qu'ils ſe ſont faite, ils ſavent précifément juſqu'où ils doivent reconduire ceux qui les viſitent, & de combien de lignes courbes doit être une révérence. Ils aſſignent des jours à leurs Habits pour paroître en public, comme des heures à leurs Protégés pour les voir en particulier. Ces hommes ont-ils du mérite? — Non. De l'esprit? — Non. Du caractere? — Non. De la sottise? Oui, oui, oui; quarante-quatre pages d'affirmatifs.

60

Lorsque vous entendrez dire constamment beaucoup de mal d'un Etre quelconque, pariez à-coup-sûr que ce n'est pas un homme médiocre. L'Envie ne s'attache qu'aux talens, comme la Foudre ne tombe que sur les grands édifices.

La Modestie peut se comparer à ces pieces antiques que l'on admire, mais qui n'ont plus de cours dans le commerce ; c'est une vertu passée de mode, & qui, faute d'être appréciée ce qu'elle vaut, dégrade quelquefois ce qu'elle devroit toujours embellir.

Il faut convenir que les gens de la Cour sont de grands enchanteurs. Avec quelques monosyllabes, & deux ou trois révérences, ils font faire tout ce qu'ils veulent, & rendent tout le monde content.

63

Soit raiſon, ſoit prudence, ſoit amour de ſa conſervation, la fureur des Duels s'eſt ſinguliérement rallentie depuis dix ans. Vous trouverez dans le monde des gens qui vous ſoutiendront d'un grand ſang-froid que c'eſt un mal, & que l'on eſt beaucoup moins poli depuis qu'on ne s'entr'égorge plus ſi ſouvent. Pour moi, excepté ces Spadaſſins tolérés qui ſe décorent du nom de Maître *en fait* d'armes, je ne vois perſonne qui puiſſe raiſonnablement ſoutenir une pareille theſe.

64

On ſe plaint de la multitude des Ouvrages nouveaux & du grand nombre des Auteurs, l'on a tort. Quel mal en réſulte-t-il? aucun aſſurément. Le commerce y gagne, l'inſtruction ſe multiplie, les lumieres ſe répandent dans toutes les claſſes de la ſociété, & à l'exception des méchans & des ſots, je ne vois pas trop à qui cela peut faire de mal.

65

Il eſt du bon ton de déclamer aujourd'hui contre le beau Siecle de Louis XIV. L'on affecte de répéter que les Ouvrages qu'il a produits manquent abſolument de *Philoſophie*, & qu'aucun des grands hommes qui ont illuſtré ce regne à jamais mémorable, n'eût pu fournir un ſeul article à l'Encyclopédie. Il paroîtra peut-être extraordinaire à quelques têtes raiſonnables qu'on ne trouve pas de *philoſophie* dans les Tragédies de Corneille, de Racine, & dans les bonnes pieces de Moliere.

66

Les femmes craignant d'être ſouvent trahies par leur conſcience, ont imaginé l'uſage du Rouge. C'étoit aſſurément fort bien trouvé. Mais les choſes en ſont à préſent au point qu'elles peuvent quitter ſans inconvéniens cette compoſition *dégoûtante* & dangereuſe qui nuit à la beauté, ſans ſervir la pudeur. On ſait bien que de ce côté-là ces Dames n'ont plus rien à perdre.

67

On a tellement abuſé de la Signification des mots, & dénaturé leur acception réciproque, que l'on eſt aujourd'hui le *Serviteur* de tout le monde ſans que pour cela on *ſerve* en effet réellement perſonne.

Je plains mes Enfans qui ont de l'eſprit, dit Clorinde; car s'ils étoient des ſots, ils feroient fortune comme leur Oncle: grande vérité que l'exemple confirme malheureuſement tous les jours. Rien ne nuit plus à l'avancement que la ſupériorité.

Les Philoſophes qui ne veulent pas ſe déshonorer gratuitement, ont fait tomber la mode des Epîtres Dédicatoires, & ils ont bien fait. C'étoit un grand ſcandale aux yeux de la vertu, que ces fades adulations, proſtituées par le talent à l'orgueil, à la baſſeſſe & à l'ignorance.

Il y a dans ce moment à Sirap plus de Dîners que de Dîneurs, ce qui a diminué de beaucoup le nombre des Paraſites. On ne voit plus guère aujourd'hui que les Grands Seigneurs qui le ſoient.

71

On déclame ſouvent contre les Moines, & l'on a tort. Ils vivent de leurs biens ; fructifient par la conſommation territoriale le pays qu'ils habitent ; ſont, en général, inſtruits, obligeans, humains, hoſpitaliers; que ceux qui leur jettent la pierre ſe rendent juſtice à leur tour, & l'on ceſſera bientôt d'injurier & de pourſuivre ces pauvres Solitaires.

72

On compte, dans Sirap ſeul, Quarante millions d'argent employés en Boucles de ſouliers.

Ce résultat, dont nous garantissons la vérité, n'est-il pas effrayant, sur-tout lorsque l'on songe à l'avantage qu'apporteroit au Commerce une somme aussi considérable, si elle rentroit dans la circulation.

73

J. J. Rousseau a dit quelque part, qu'il ne chercheroit jamais une Maîtresse à Sirap, mais qu'on pouvoit y rencontrer une Amie. Il nous semble que ce Philosophe juge les Sirapiennes avec bien de l'indulgence, car nous connoissons beaucoup de gens qui n'y ont encore trouvé ni l'une ni l'autre.

74

Rien n'eſt plus propre à dégoûter de la gloire que l'hiſtoire des Réputations uſurpées. Quand on penſe que M. de Voltaire ne paſſera peut-être à la poſtérité qu'avec cinq ou ſix volumes, il eſt permis, je crois, de ſe défier de ſes droits à l'immortalité.

75

Lorſque je vois dans le beau Jardin des Illuirethes un faquin de Marbrier ſavonner Brutus, faire la barbe au vieux Anchiſe, & ſouiller de ſes groſſiers attouchemens la chaſte Lucrece; je ne puis m'empêcher de plaindre le ſort de ces Héros infortunés, que tant de gloire auroit dû préſerver, ce me ſemble, d'une deſtinée auſſi malencontreuſe.

76

Si la Beauté conſiſte dans la régularité des formes, l'aſſemblage des traits nobles & fins, la majeſté d'une taille proportionnée, la fraîcheur & le coloris d'un viſage agréable, elle eſt aſſurément fort rare à Sirap:

mais s'il faut la chercher dans une tournure libertine, une miſe provoquante, & un minois chiffonné, nous conviendrons volontiers que preſque toutes les Sirapiennes ſont Jolies.

77

Damis eſt obligeant, gai, ſpirituel, honnête, & perſonne n'a jamais eu à s'en plaindre; mais Damis fuit les Grands, abhorre le faſte, ne rougit point de ſe confondre avec les claſſes les plus humbles de la ſociété, en un mot, va ſans ſcrupule & va lui-même à la Boucherie, à la Vallée,

& à la Halle. Lindor au contraire, méprise tout le monde, eſt hautain, dédaigneux, ſot, tel, en un mot, qu'il faut être pour plaire à certaines gens ; mais il ne marche que dans un pompeux équipage, il ne ſouille point ſes regards de ceux du pauvre, & n'a jamais dérogé à l'étiquette, premiere & ſeule loi des gens du monde .... On demande, lequel de Damis ou de Lindor a le plus de droits à l'eſtime publique?

Cléante entraîné dans une partie de jeu, & friponné par

des Meſſieurs de *Bonne-compagnie*, n'a pu depuis huit jours, s'acquitter encore tout-à-fait d'une perte immenſe, qui doit déranger ſa fortune & ruiner ſes Créanciers : Saint-Firmin, qui, par une erreur de nom, ſe trouve avoir reçu de province une Lettre-de-change deſtinée pour un autre, en profite ſans ſcrupule, trouve moyen de ſe la faire payer, même avant l'échéance, & tourne la choſe en plaiſanterie lorſque le Pot *aux Roſes* eſt découvert..... On demande lequel de Cléante ou de Saint-Firmin a le plus de droits à l'indulgence des gens du monde (3).

79

On peut comparer un Royaume à un équipage. Le Souverain en eſt le conducteur, les Miniſtres les roues, & le Peuple les chevaux. Si ce dernier eſt la partie la plus néceſſaire, convenons auſſi qu'il doit regner entre toutes une connexité réciproque, indiſpenſable pour l'harmonie de tout régime ſocial.

---

(3) Que l'on prenne garde que nous ne diſons pas des Honnêtes gens, car alors il n'y auroit plus de Problême.

Les Femmes ſe plaignent ournellement d'être délaiſſées, qu'on les quitte pour les Spectacles, les Clubs & autres lieux publics, que les hommes ont adoptés de préférence à leur ſociété. Enfin la *Bonne-compagnie* ſe plaint qu'on l'abandonne : elle devroit plutôt s'appercevoir, ce me ſemble, que l'on commence enfin à lui rendre juſtice.

Il eſt du plus mauvais ton de paſſer l'Eté tout entier à Sirap, l'on auroit l'air d'un déſœuvré.

Il faut néceſſairement pendant l belle ſaiſon aller battre les Châteaux d'alentour, y jouer bie ou mal la comédie, tuer quelque lièvres qui n'en peuvent mès, & s'ennuyer par étiquette à la campagne, comme on s'ennuie pa habitude à la ville.

82

Une des cauſes que les Jeunes gens donnent de leur averſion pour le grand monde, c'eſ l'eſpece d'obligation où ils ſ trouvent d'y paroître vêtus décemment. En effet c'eſt une choſ bien cruelle que d'être forcé d quitter ſon frac & ſes bottes à di

-ures du soir, & de se mettre
1 frais de parure pour des gens
differens, & qui n'ont pas l'air
e vous savoir beaucoup de gré
une complaisance qui leur pa-
oît un devoir. La belle Nogicy,
ans l'intention de s'attirer une
Cour brillante, a pris sur ce
hapitre le parti de la plus ex-
rême indulgence. Admis chez
lle dans leur plus grand né-
ligé, les Jeunes gens y abon-
ent en foule, & lui offrent à
'envi les moyens de se dé-
lommager de l'absence de celles
qui cet oubli de l'étiquette pa-
oît un crime de Leze-société.

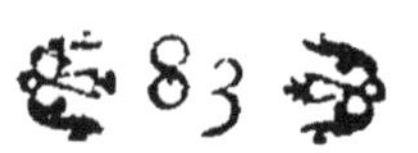

Les Femmes vont au Spec tacle moins pour *voir* que pou être *vues*. Jalouſes de réunir ex cluſivement l'attention, elles ſ réjouiſſent de la chûte d'une Piec nouvelle qui permet de s'occupe d'elles. Mais c'eſt ſur-tout à l ſortie qu'elles veulent être ad mirées. Rangées ſur les gra dins d'un eſcalier ſpacieux elles ſemblent être là à l'enchere & demander à chacun, *voulez vous de moi?* Pluſieurs laiſſen paſſer cinq à ſix fois leur voi ture dans l'attente des ſoupirans

C'est le moment des *Parties*, & e lieu le plus commode pour ous les arrangemens de cette ature. Ce genre de coquetterie, qui n'a lieu que depuis quelques nnées, & dont les Etrangers ont souvent dupes & victimes, fait en peu de tems des progrès rapides. Enfin nous connoissons elles Femmes, qui calculant bien eur Journée, & sachant à une heure près le prix du tems, n'arrivent au Spectacle que lorsque es autres en sortent. Cela peut s'appeller, je crois, faire ses *Affaires* avec précision.

84

Tel Homme s'eſtime malheu-reux parce qu'il n'a que 3000[0] livres de rente, & que dix Valet[s] pour le ſervir : tel autre ave[c] cent piſtoles de revenu ſe croi[t] au comble du bonheur. Tou[s] deux peuvent avoir raiſon, parce que tout eſt relatif, dans ce meil-leur des Mondes poſſibles.

85

Ce n'eſt guère que dans les grandes villes, qu'un Philoſophe peut exercer avec fruit le ta-lent d'obſerver. Tout y eſt pour lui

lui matiere à réflexions, & telle chose qui ne frappera pas seulement les yeux d'un homme du monde, sera pour l'Observateur une source intarissable de méditations & de plaisir.

86

Il est assez singulier que le Spectacle le plus romanesque, celui qui parle le plus aux Sens & à l'imagination, soit précisément celui que la Jeunesse de Sirap fréquente le moins.

87

Combien de gens, même à Sirap, ne savent pas le matin, où,

avec quoi, ni comment ils Dîneront. Cependant à ſix heures du ſoir tout le monde a bien ou mal dîné; tant les reſſources de l'induſtrie ſont fécondes, & tant la miſéricorde de Dieu eſt infinie.

Jamais l'on ne s'eſt plus occupé qu'aujourd'hui de la décoration des Appartemens, & de leurs commodités relatives. Tout le luxe eſt concentré dans l'intérieur, & l'on ſait juſqu'à quel point il y eſt pouſſé.... cependant jamais on n'a été moins chez ſoi qu'aujourd'hui. Plus les maiſons ſont agréables, & moins il ſemble qu'on les habite : cette manie ne ſeroit-elle pas une nouvelle preuve de la contradiction qui regne entre nos Mœurs & nos Actions? ou faut-il ſoupçonner qu'en ſe fuyant eux-mêmes, nos Grands ſuivent pour la premiere fois, peut-être, l'impulſion irréſiſtible de leur conſcience?

Si les Gens de lettres vouloient s'accorder entr'eux, il eſt certain qu'ils gouverneroient le monde. Quand ſe perſuaderont-ils donc enfin de la néceſſité d'être unis? De leur concorde naîtra toujours leur confidération & leur force : c'eft une vérité dont les gens du monde font tellement perfuadés, qu'ils ne négligent aucuns moyens pour brouiller les Auteurs ; & il faut leur rendre cette juftice, ils y réuffiffent fouvent, & favent tirer de cette défunion, un merveilleux parti.

La Pêche & la Chaffe font les deux principaux amufemens de la Campagne ; mais l'un porte à la réflexion, l'autre en détourne : c'eft pour cela fans doute que le premier de ces plaifirs convient aux Gens de lettres, & le second aux gens du monde. L'homme de bien se retrouve volontiers avec lui-même ;

Il n'en est pas ainsi des autres.

Il est une Politesse plus humiliante que la fierté, c'est celle des Grands. Mais je ne vois plus guère que les gens du petit peuple qui veulent bien encore y croire. Pour peu que l'on ait quelque connoissance du monde, & sur-tout de la Cour, l'on sait apprécier ces simagrées bêtes & sottes inventées par l'Orgueil pour dispenser d'être honnête.

Fontenelle diſoit : Lorſqu'un Grand veut ſe familiariſer avec moi, je le repouſſe avec le Reſpect. Je ſuis plus franc ou plus cynique que Fontenelle, car j'avoue que je les repouſſe avec *d'autres armes* !.....

93

Honeſtè vivere ; alterum non lædere ; ſuum cüique tribuendi :

Maximes fondamentales de la conduite d'un galant-homme ; mais vous ne trouverez à-coup-ſûr aucun de ces principes dans le Catéchiſme, & moins encore peut-être dans le cœur de MM. les gens du Monde.

94

L'on affecte de méprifer l'Univerfité auffi-tôt qu'on en eft dehors, & de traiter dans le monde de *Pédans*, ceux qui confervent encore quelques-uns des bons principes puifés dans le fein de cette mere à jamais refpectable. Cependant un bon Obfervateur muni d'une *Lorgnette* très-ordinaire, trouvera, je crois, plus de Pédans au milieu de la *Bonne-compagnie*, que dans tout le *Pays Latin*; & certainement les premiers font bien plus infupportables, & à-coup-sûr bien plus *fots* que les autres.

95

L'Education publique ſeroit aſſurément celle qui conviendroit le mieux aux gens du monde s'ils ſavoient en profiter. Elle entretient l'Emulation, développe l'Eſprit, forme le Caractere, & polit les Mœurs. Je voudrois ſeulement que les Maîtres n'oubliaſſent pas ſi ſouvent, que, dans les Colléges, l'égalité doit être la baſe de l'inſtruction morale, & qu'un PRINCE *Ecolier* ne vaut mieux que ſes Camarades, qu'autant qu'il les ſurpaſſe en connoiſſances & en vertu. Ce qui, ſelon notre Lorgnette, a toujours été fort rare.

96

Je remarque que, depuis quelques années, les femmes s'introduisent dans presque toutes les Assemblées publiques. On les trouve aux séances de la Société Royale de Médecine ; à celles (moins intéressantes à tous égards) de l'Académie Françoise, aux Muusées, à tous les *Cours* possibles, enfin jusqu'au Jardin des Apothicaires. Ce n'est pas, je crois, l'instruction qu'elles vont chercher dans ces différens Lycées plus ou moins *Académiques*. Qu'y vont-elles donc chercher ? — *Se faire voir*.

Aux Diſputes littéraires qui partageoient autrefois les Caffés de Sirap, & les métamorphoſoient en autant de Foyers d'inſtruction, ont ſuccédé des Diſputes politiques qui ennuyent tous les gens d'eſprit, & n'apprennent rien aux autres. Après un Joueur je ne connois rien de plus bête ni de plus complettement ſot qu'un *Nouvelliſte*; il me ſemble voir un Enfant jetter des pierres contre un mur, ou bien un Lilliputien eſſayer de mouvoir un Rocher.

On ſe plaint de n'avoir plus ni bonnes Pieces ni de bons Acteurs. On voudroit voir naître tous les dix ans un le Kain, un Préville, une Saint-Val, un Aufreſne, un Molé, & un Moliere. Mais il nous ſemble, qu'avant tout, il faudroit commencer par former un Public ; car celui qui fréquente aujourd'hui nos Spectacles, n'eſt, à-coup sûr, lui-même en état de former perſonne.

Deſpréaux eſt le Poëte des Gens de lettres, Corneille

celui des Héros ; Racine, celui des Ames ſenſibles ; M. de Voltaire, des enfans & des femmes. Moliere & la Fontaine jouiſſent ſeuls du privilége (excluſif juſqu'à ce jour) d'intéreſſer tous les âges, de profiter à tous les états, & de plaire à tous les eſprits.

Il y a vingt ans que j'entends louer M. de Voltaire, & le louer d'une maniere auſſi excluſive que révoltante. Je ne puis m'accoutumer à ces éloges immodérés qui rendront la poſtérité très-ſévere ſur le compte de cet homme célébre ; & dût-on m'accuſer de barbarie, j'aimerois mieux avoir fait *Rhadamiſte*, que toutes les Tragédies de l'Auteur d'Irene.

Dans un ſiecle qui ſe pique de Raiſon, de Philoſophie, & principalement de Goût, dans un ſiecle qui a remplacé immédiatement celui de Louis XIV, dans le dix-huitiéme ſiecle, enfin (puiſqu'il faut l'appeller par ſon nom) un miſérable Chahtre de Bergeries a oſé dans je ne ſais quel Poëme, proclamer M. de Voltaire,

Vainqueur des deux Rivaux qui partagent
la Scene.

Les Gens de lettres se sont assemblés pour décider quelle espece de punition méritoit un tel blasphême. Plusieurs opinoient pour une amende-honorable aux pieds des tombeaux de Corneille & de Racine ; d'autres plus indulgens conseilloient seulement l'Ellebore ; mais avant que la délibération fût finie, l'on reçut par la petite Poste la nouvelle que le Blasphémateur venoit d'être élu Membre de la premiere Académie des Sirapiens.

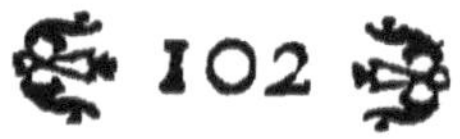

La Jalousie est à l'Amour, ce

que la fumée eſt à la flamme ; celle-ci ne peut exiſter ſans l'autre : mais la conſéquence n'eſt pas réciproque ; on voit de la jalouſie ſans amour, mais on n'a pas encore vu, que je ſache, d'amour ſans jalouſie ? A qui la faute ? Meſdames, répondez....

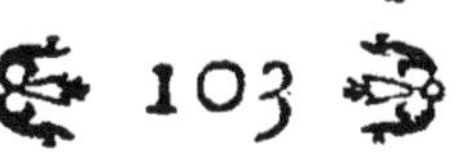

103

Les Femmes de Sirap, à force de s'entendre dire qu'elles étoient aimables, n'ont plus fait aucuns frais pour le devenir. Qu'en eſt-il réſulté ? on les a petit à petit abandonnées, & l'on s'eſt retourné vers celles que leur précaire exiſtence engage à l'être en effet...

104

Si les Dames entendoient leurs véritables intérêts, elles employeroient tout leur art à cacher leur Coquetterie. L'on ſe méfie d'une embûche oſtenſible, & le gibier ne ſe laiſſe pas prendre au piége qu'il a découvert.

105

L'Homme Riche épuiſe de bonne heure tous les plaiſirs, émouſſe toutes ſes ſenſations, énerve toutes ſes facultés. Dans l'âge le plus beau de la vie, il eſt en proie à la conſomption, à l'insensibilité, à l'ennui, la plus cruelle des maladies de l'ame, & sur-tout au remords, plus cruel encore. Veut-il trouver la *véritable Jouissance*, la seule qui ne s'use point, & dont l'exercice multiplié ne peut qu'ajouter au bonheur?... *Qu'il essaye de faire du bien.*

La Bienfaisance *désintéressée* est la plus aimable des vertus, mais c'est aussi la plus rare. Combien de gens ne donnent qu'afin qu'on le sache, & qui, lorsqu'ils ont laissé échapper un écu de leurs mains avares, courent faire enregistrer leur aumône dans le plus insipide, le plus niais, le plus plat, mais par une conséquence nécessaire, le plus lu des Journaux Sirapiens.

107

L'on compte, l'un portant l'autre, Quatorze Accidens par jour occasionnés dans les rues de Sirap par les Voitures. De ces quatorze accidens mettons qu'il n'y en ait que *six* de mortels, (& il y en a davantage,) cela fait donc par an Deux mille cent quatre-vingt-dix citoyens d'immolés au plaisir barbare d'aller en Carrosse .... Ceci, je crois, n'a pas beſoin de commentaire.

108

Beaucoup de Gens élevent les Onagils au-deſſus de tous les autres peuples, & prétendent que c'eſt dans leur Iſle ſeule qu'exiſte le Temple de la Liberté. Cette prévention me paroît injuſte, & je ne vois pas d'endroit dans le monde où l'on ſoit auſſi libre qu'à Sirap, quoi qu'en diſent les Frondeurs, les Nouvelliſtes, & ſur-tout les *Philoſophes*. Notez bien que je parle de la *Liberté individuelle*; quant à celle de la Preſſe.... c'eſt autre choſe.

Je ne connois pas au monde de meilleur peuple que les SIRAPIENS. Ils ſont doux, honnêtes, obligeans, confians, ſpirituels & hoſpitaliers. On les accuſe d'être intéreſſés & défians, cela peut être ; j'ai remarqué cependant que ceux qui leur faiſoient ce reproche, manquoient rarement de les rendre leurs dupes.

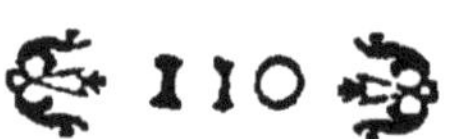

Un homme d'eſprit a dit aſſez plaiſamment, que préſenter des ouvrages à la plupart des Libraires, c'eſt offrir des couleurs à un Aveugle. Il eſt certain qu'ils vivent au milieu de leurs Livres, à-peu-près comme un Eunuque parmi les beautés du Sérail.

III

L'Egalité d'humeur eſt l'un des plus grands bienfaits de la nature, & l'une des plus aimables vertus ſociales. Je ne connois rien de plus terrible que d'être l'Amant d'une femme capricieuſe. Malheur à ceux qui s'y trouvent *forcés*. Je ne peux leur conſeiller qu'une entiere abnégation d'eux-mêmes, & une forte doſe de courage & de patience.

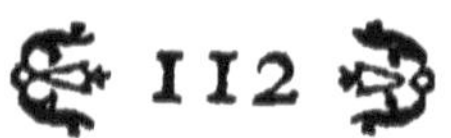

La Colere d'une femme reſſemble beaucoup à un Ouragan : les digues qu'on lui oppoſe ne font que redoubler ſa fureur; mais comme tout doit avoir ſon cours dans ce monde, il ne faut pas gêner le ſien. A tout prendre, la colere vaut mieux que l'humeur, & je préférerai toujours la femme emportée à la femme acariâtre.

113

C'eſt une choſe étonnante que la facilité avec laquelle les Marchands de Sirap accordent

Crédit au premier Escroc titré qui vient faire un enlevement dans leurs Magazins. Trompés mille fois, la *Qualité* leur en impose toujours, &c, autant ils mettent de répugnance à contracter des engagemens avec le Bourgeois modeste & simple, autant ils apportent d'empressement à se faire ruiner par l'orgueilleux grand Seigneur.

114

Le Grand monde change les Passions, comme le grand air les liqueurs spiritueuses; il leur enleve leur énergie,

& ne leur laiſſe que leur amertume.

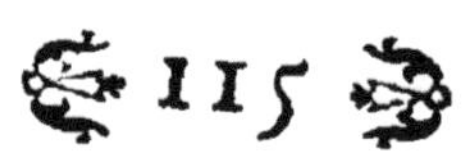

Il n'y a peut-être pas de plus grand Supplice (moral) que d'être forcé de vivre avec quelqu'un dont les principes ſont en tout l'oppoſé des nôtres. Il n'y a douceur ni patience qui puiſſe tenir à une pareille épreuve; & l'on ne pourroit ſouhaiter un plus grand malheur à ſon plus mortel ennemi. C'eſt véritablement le ſupplice inventé par Mezence: demandez plutôt à certains époux...& ſans aller ſi loin E. C. R.

116

116

La Confidération-perfonnelle vous fuit en toute occafion & en tous lieux ; la Confidération-relative vous abandonne à chaque inftant. Qu'eft-ce qu'un grand Seigneur fans fon équipage?.... Qu'eft-ce qu'un Homme riche fans fon Cuifinier ?

117

C'eft moins fouvent encore l'avarice que la crainte de fe compromettre, qui empêche de Secourir les malheureux. On ne voit que pufillanimité lorfqu'il s'agit de venir au fecours d'un opprimé, & l'on craint plus d'offenser un Grand, que l'on ne desire faire une bonne action.

Je fuis les Hommes puissans comme un Voyageur prudent s'écarte des buissons d'épines; ceux-ci vous déchirent, ceux-là vous arrachent; il n'y a de différence que dans la maniere, & par conséquent qu'à perdre dans le voisinage des uns & des autres.

L'Ambition n'a jamais été ma chimere, & je ne conçois pas que ce puisse être celle d'une tête tant ſoit peu raiſonnable. Un coup-d'œil ſur les moyens d'obtenir les faveurs de la Fortune, ou ſeulement un regard ſur la plupart de ceux qui les poſſédent, ne doit-il pas ſuffire pour dégoûter.

120

Le véritable AVARE eſt devenu fort rare, & c'eſt tant mieux; mais l'Avare faſtueux a pris la place, & c'eſt tant pis pour la ſociété. Le premier au moins ne faiſoit de tort à aucun individu particulier, & ſa maniere de jouir profitoit à ſes héritiers. Le ſecond pour ſuffire à des dépenſes luxueuſes, ſe retranche les néceſſaires. Il ſe ruine ſans faire de bien, finit par devoir à tout le monde, & ſa mort n'enrichit perſonne.

121

Après les grands Seigneurs & les petits Nouvelliſtes ſur leſquels j'ai déjà dit ma façon de penſer, je ne connois rien de plus inſupportable que l'Homme à bonnes fortunes. C'eſt, ſelon moi, le rôle le plus plat que puiſſe jouer dans la ſociété un être tant ſoit peu raiſonnable; car, s'il ſe vante fauſſement, ce n'eſt qu'un impoſteur; & dans le cas contraire, l'Honorable Lecteur conviendra de bonne foi qu'il n'y a guère là de quoi en tirer vanité.

122

Je ne hais point qu'un Homme de mérite se loue quelquefois lui-même, & j'aime assez qu'il apprenne aux autres à l'apprécier. Je connois un *Peintre* célébre qui dit à tout le monde le plus grand bien de ses Tableaux, & je le lui pardonne d'autant plus volontiers que j'en pense encore davantage lorsqu'il me les montre. Dans tous les cas je crois qu'il faut mieux pouvoir justifier ſon Amour-propre que ſa Modeſtie.

123

Cigogne a le col long, la démarche niaiſe, l'œil hébété. Il ignore les premiers principes de l'ortographe, & graces à la nouvelle forme donnée à l'éducation des Gens de ſa ſorte, il n'a jamais ſu un ſeul mot de latin, & ſon eſprit eſt à la meſure de ſes connoiſſances. Cigogne s'avancera rapidement, c'eſt moi qui vous le prédis; il eſt ſouple, complaiſant, ne fera pas d'ombrage à ſes Rivaux, & comme il n'y a rien tel pour faire fortune que d'être complettement ſot, la ſienne eſt aſſurée.

124

Je manque d'appétit aux *Dîners* de la prétendue *Bonne-compagnie*, & je dévore aux Tables d'hôte. J'ai cherché long-tems la raiſon de cette préférence (que la qualité des mets ne peut juſtifier même au *Nom de Jeſus* (4),) & je crois l'avoir enfin trouvée. Ne ſeroit-ce point parce que la contrainte énerve l'appé-

(4) Le Nom de Jeſus eſt la meilleure Auberge de Paris, pour le maigre & le rendez-vous de toute la Nobleſſe du quartier Montorgueil & rues adjacentes, les Vendredi & Samedi de chaque ſemaine. Cette Maiſon tenue aujourd'hui par Madame la Veuve Rouard, eſt digne à tous égards des ſuccès dont elle jouit depuis long-tems. Voyez pour le ſurplus la troiſiéme édition des *Réflexions Philoſophiques ſur le Plaiſir*, page 56.

tit, & que la liberté le développe? Il est tout simple que l'on mange beaucoup avec des gens qu'on ne connoît pas, & très-naturel que l'on ne mange pas du tout avec ceux qu'on connoît trop bien.

125

On a comparé la Cour à un canal glacé. Tout le monde glisse dessus, beaucoup y tombent, quelques-uns s'y soutiennent : mais gare le dégel.....

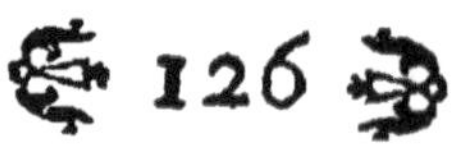

126

Si la Consomption, l'Ennui,

la Gravelle, la Goutte & les Vapeurs ne noûs dédommageoient pas un peu, nous autres pauvres Diables, du bonheur des riches, nous ſerions auſſi par trop à plaindre. Mais la juſtice diſtributive y a pourvu par une ſorte d'égalité néceſſaire au maintien de la ſociété. Elle a donné à ces MM. l'argent & les dignités, à nous la ſanté & la joie; il me ſemble qu'à tout prendre nous ne ſommes pas encore les plus mal partagés.

Duſſé-je me faire ſiffler par tous les gens de *Bonne-com-*

pagnie, je ſoutiendrai qu'il n'y a pas de crime plus bas que l'Adultere. Séduire la femme de ſon ami, la corrompre & en jouir ſous le voile de la confiance, me paroît une choſe monſtrueuſe. Le Voleur (qu'on pend à la Greve pour un délit de 36 ſols) eſt aſſurément moins coupable. Jeunes gens, ſongez que c'eſt un CÉLIBATAIRE qui vous parle ainſi !

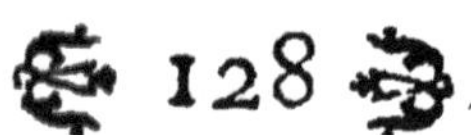

Les Comédiens ſe plaignent des Auteurs, les Auteurs ſe plaignent des Comédiens; c'eſt une diſpute interminable & qui ne cessera, je crois, que lorsque les premiers pourront rencontrer de bonnes pieces, & les autres se procurer de bons Acteurs.

129

Y a-t-il rien de plus beau dans la nature que le coup-d'œil de la HALLE de Sirap l'Eté, vers trois ou quatre heures du matin? C'est l'assemblage des dons les plus brillans de Pomone & de Flore. C'est le résultat de toutes les richesses des pays les plus fertiles; l'Univers entier apporte ses trésors aux pieds des Sirapiens, qui, plongés dans un profond ſommeil, reçoivent ce tribut conſtant & diurne avec une indifférence que je ſerois fort tenté de nommer ingratitude.

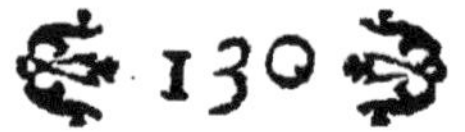

La fréquentation du Cabaret, & l'habitude de ſe voir ſouvent entr'eux, donnoit au caractere moral des Gens de lettres une énergie qui ſe répandoit dans leurs Ouvrages, & que le commerce du monde leur a fait perdre. Semblables à ces animaux ſauvages que la domeſticité énerve ſans cependant les dénaturer tout-à-fait, ils ſont ſortis de leur à-plomb ; & je crains que des deux côtés ils n'aient perdu l'équilibre.

131

Oronte a pris une maîtreſſe. Ce n'eſt ſûrement pas la beauté qui l'a guidé dans ſon choix, il ſuffit de voir cet objet préféré pour en être convaincu. Ce n'eſt pas non plus l'eſprit, il ſuffit de l'entendre pour en être perſuadé. Qui donc a pu ſéduire Oronte ? C'eſt ce que nous apprendrons de lui-même lorſqu'il aura ceſſé d'être amoureux ; ou (ce qui revient à-peu-près au même) lorſqu'il aura recouvré l'uſage de la vue.

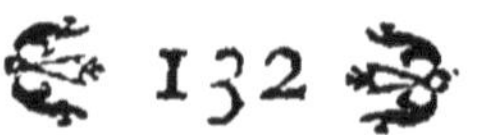

Il n'y a point de pays au monde où les Femmes ſoient plus coquettes qu'à Sirap, & je ne crois pas qu'il y en ait en même-tems un où les maris ſoient plus tranquilles. Cette bénignité tiendroit-elle donc à l'influence du climat? ou les Sirapiennes auroient-elles trouvé le ſecret d'avoir la paix, en pouſſant à l'extrême ce qui partout ailleurs eſt un ſujet de diſcorde? Cette queſtion nous paroît aſſez curieuſe à réſoudre, & nous invitons quelques-unes de nos Académies à la propoſer pour ſujet d'un *Prix de morale*.

133

Autres Queſtions pour les Amateurs. Pourquoi l'amour retrécit-il toutes les facultés, même en doublant l'énergie de leurs ſenſations ? Pourquoi fait-il preſque toujours un ſot d'un homme d'eſprit, tandis qu'il produit ſur les femmes l'effet contraire ? Pourquoi enfin le moment de l'aveu eſt-il celui du déclin de la paſſion la plus ardente ? Allons MM. les *Concourreurs*, évertuez-vous.

134

Hélas! tel homme qui a paſſé ſa vie à étudier les Femmes, va ſe trouver au bout de trente années d'obſervation & de travaux, la dupe du premier *minois chiffonné* qui voudra s'amuſer de lui. Le cœur de ce ſexe... aimable eſt un abyme immenſe, mais dont les bords ſont enchantés. Perſonne encore, que je ſache, n'a pu en trouver le fond. Ces Dames en s'applaudiſſant elles-mêmes, rient de nos efforts, & de nous voir perdre en méditations vaines un tems qui pourroit même, auprès d'elles, être beaucoup mieux employé ; il eſt juſte d'en convenir.

135

Ce qui pique le plus une Femme n'est pas précisément le mal qu'on dit d'elle, c'est de savoir qu'on n'en parle pas du tout.

Soyons de bonne foi, cette Réflexion ne peut-elle pas aussi s'appliquer un peu aux Auteurs?

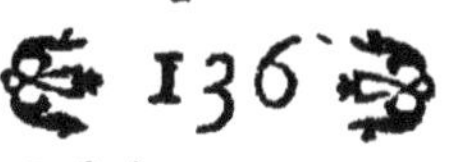
136

La Considération que le monde accorde aux divers Etats est presque toujours en raison inverse de leur utilité. On méprise le Boulanger qui nous nourrit; on flatte le Turcaret qui nous dépouille; on respecte le grand Seigneur qui nous opprime.

137

Je n'ai jamais compris comment l'on pouvoit aimer la Musique, & l'aimer au point d'en entendre trois heures de suite sans ennui. Cet assemblage de vibrations hétérogenes m'étourdit sans me plaire, m'importune sans m'occuper, détourne mon attention sans aller à mon cœur. Le Son chasse la Pensée, vérité d'un très-grand sens, & qui nous explique aussi le goût de beaucoup de gens pour la musique.

138

Je me suis toujours fort bien trouvé du commerce des Méchans, & je demande la permission de les préférer à ces préendus *Bonnes* gens si communs ans la *Bonne-compagnie*. A tout rendre, la société d'un Méchant vaut toujours mieux que celle d'un *Sot* : l'on s'y amuse, l'on s'y instruit, l'on y profite; sauf, après tout, à se tenir un peu sur es gardes.

J'ai remarqué qu'il falloit presque toujours se défier des gens *Aimables*. Ils font payer cher à leurs amis ces succès de Société qui les enivrent en achevant de les corrompre. Boissy a fort bien réussi à peindre cet écueil dans ſon excellente Comédie des *Dehors Trompeurs*, l'un des Ouvrages les plus eſtimables qu'on ai mis depuis long-tems au Théâtre Nous y renvoyons les incrédules.

140

La Coquetterie eſt à l'ame ce que le feu eſt aux matiere ignefcentes ; malheureuſemen elle ne brille preſque jamais qu'aux dépens de ce qu'elle conſume

141

Un Proverbe Perſan dit qu'on reçoit l'homme ſelon l'habi qu'il porte, & qu'on le reconduit ſelon l'eſprit qu'il a monré. Je ſerois âſſez tenté de croire qu'on ne connoît à Sirap que la premiere moitié de cet adage.

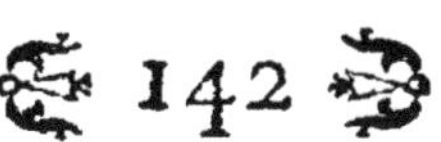

Les Femmes de Sirap, car il en faut toujours revenir à nos *Moutons*, ont en général de l'eſprit, mais elles ne reçoivent avec plaiſir que les louanges données à leur beauté. Tant il eſt vrai qu'un penchant ſecret nous porte à courir après ce qui nous manque; ſeroit-il donc vrai que ce fût une eſpece de juſtice intérieure que l'on ſe rend ainſi à ſoi-même.

143

La politeſſe exige qu'o réponde à toutes les Lettres qu l'on reçoit ; mais la diſcrétio devroit empêcher d'en écrir pour des bagatelles. Il eſt inou combien l'on abuſe ainſi de heures d'un homme occupé ; o le met dans la néceſſité de paſſe pour impoli, ou de ne rien faire Il eſt vrai, qu'après tout, le ſots ne ſont pas obligés de connoître le prix du tems, & moins encore celui d'un homme d'eſprit que d'un autre.

144

Méfiez-vous des careſſes des

gens du monde, elles ſont intéreſſées & perfides, ſouvent l'un & l'autre: *Experto crede Roberto.*

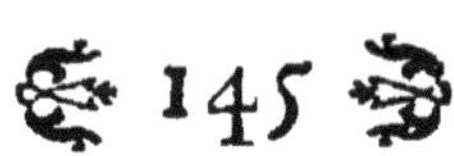

Le Fat à la mode aujourd'hui, c'eſt *l'Important.* Un Jeune-homme ne vante plus ſes chevaux & ſes bijoux, ne s'entretient plus de ſes Chiens ou de ſes Maîtreſſes, ne conte plus à qui veut entendre ſes bonnes fortunes, & ſes mauvaiſes nuits; mais il veut faire croire qu'il eſt occupé d'objets ſérieux, initié dans les myſteres de la politiques, conſulté par les puiſſances. Il eſpere ainſi pouvoir réuſſir à cacher ſa nullité profonde, & trouver de nouvelles dupes à l'aide de cet artifice uſé, ſans ſonger que Moliere, la terreur des Petits-Maîtres, des Importans, & des Fâcheux de toute eſpece, (ces trois mots ſont à-peu-près ſynonymes,) avoit depuis long-tems porté ſon Arrêt par ce vers devenu proverbe, & qu'on leur appliqueroit plus juſtement encore s'ils étoient en général moins bêtes ou plus inſtruits.

Un Sot ſavant eſt ſot plus qu'un Sot ignorant.

Fin de la premiere *Partie.*

www.ingramcontent.com/pod-product-compliance
Ingram Content Group UK Ltd.
Pitfield, Milton Keynes, MK11 3LW, UK
UKHW021148260726
13994UKWH00001B/355